Rezepte unter 1,50 €
günstig einkaufen, lecker essen

> Autorin: **Bettina Matthaei** | Fotos: **Jörn Rynio**

Inhalt

Die Theorie

- **4 Sparen mit preiswerten Basics: Wichtiges über Kartoffeln, Kohl & Co.**
  - 5 Pfiffige Spartipps
  - 6 Gaumenkitzel-Tipps – mit asiatischen Gewürzen zaubern
  - 7 Produkte zum Würzen – von Pesto bis Pfeffer
- **8 Süße Klassiker mal anders**
  - 9 Püree-Variationen

Die Rezepte

- 10 Alles aus Kartoffeln – Die Knolle für jeden Tag: von Bouillonkartoffeln bis Haselnuss-Koriander-Puffer
- 24 Nudeln & Co – Spaghetti, Reis und Couscous: hier findet jeder sein Lieblingsgericht
- 34 Gemüse & Hülsenfrüchte – gesund, pfiffig und superlecker
- 48 Fleischgerichte – für Feste, Gäste und die Familie

Extra

60 Register
62 Impressum
➤ **64 Die 10 GU-Erfolgstipps mit der Geling-Garantie für preiswertes Kochen**

➤ GU Serviceseiten

Am Essen sparen – kann das schmecken?

Ja! Zugegeben, Sparen macht keinen besonderen Spaß, schon gar nicht, wenn es ums Essen geht. Aber wir zeigen Ihnen in diesem Buch, dass auch bei knapper Kasse der Genuss beim Kochen und Essen nicht zu kurz kommen muss. Experimentierfreude und gute Gewürze machen aus einfachen Zutaten tolle Gerichte. Dazu gibt es noch jede Menge Spar- und Einkaufstipps.
Ein Hinweis zu den Preisen: Wir führen nur die anteiligen Kosten der einzelnen Lebensmittel auf, also den Esslöffel Butter, nicht das ganze Päckchen. Den Preisen liegt die jeweils günstigste Einkaufsquelle zu Grunde.

Theorie
WARENKUNDE

Die Basics

Die Basis der Rezepte sind Lebensmittel, die Sie überall kaufen können, das ganze Jahr über. Sie sind billig, gesund und in der Vielfalt der Zubereitung unschlagbar.

Kartoffeln

Kaum ein Lebensmittel ist so vielseitig zuzubereiten wie die Kartoffel – von der simplen Salzkartoffel über die Baked Potatoe bis hin zu Kartoffelpuffer, Rösti und Kartoffelsuppe. Für die meisten Gerichte kann man „vorwiegend fest kochende" Sorten verwenden. Für Pürees und Klöße sind die mehlig kochenden Kartoffeln vorzuziehen. Kartoffeln möglichst luftig, kühl und dunkel lagern.
Kartoffeln sind gesund, kalorien- und fettarm, reich an Eiweiß, den Vitaminen C, B2 und E und den Mineralstoffen Kalium und Phosphor.

Zwiebeln, Möhren & Kohl

Der Gesundheits-Aspekt von **Zwiebeln** ist legendär, ihre antibakterielle und blutdrucksenkende Wirkung ist wissenschaftlich nachgewiesen. Dazu enthalten sie reichlich Vitamin C und Mineralstoffe.
Möhren sind das Paradebeispiel in Sachen Carotin, dem Provitamin A, sie sind gut für Haut und Augen.
Kohl mit seinen Hauptvertretern Weißkohl und Brokkoli, ist Spitzenreiter in Sachen Ballaststoffe, Vitamin C, allerlei B-Vitaminen, Kalium und Kalzium.

Nudeln, Reis & Couscous

Diese preiswerten Basics sind ideale Begleiter und machen satt mit null Fett. Wer seine **Nudeln** gerne „al dente" genießt, sollte Produkte aus Hartweizengrieß wählen, auch wenn Eiernudeln preislich etwas günstiger sind. Parboiled **Reis** eignet sich gut, wenn man auf Vorrat kocht, man kann ihn gut wieder aufwärmen, ohne dass er matschig wird. Reis ist lange haltbar, weshalb man ihn problemlos im Vorrat lagern kann. **Couscous** ist grob geschliffener Weizengrieß,

> *Mit Hülsenfrüchten aus dem Vorrat lassen sich preiswerte Gerichte zaubern*

der vorgedämpft ist. Entscheiden Sie sich für die „Instant"-Sorte, die nur mit kochendem Wasser oder Brühe übergossen wird und dann 5–7 Min. quellen muss.

Hülsenfrüchte

Hülsenfrüchte sind nicht nur fettarm, kein anderes pflanzliches Lebensmittel enthält so viel Eiweiß. Die meisten getrockneten Hülsenfrüchte müssen eingeweicht werden und brauchen dann noch bis zu 1 Std. Kochzeit. Energiesparender sind rote Linsen oder geschälte gelbe Linsen, die in 15–25 Min. gar sind. Hülsenfrüchte aus der Dose sind eine preiswerte, energie- und zeitsparende Alternative.

Theorie
EINKAUFEN UND KOCHEN

Spartipps

Auf Vorrat kaufen

▶ Wer Platz im Vorratsraum oder im Keller und im Tiefkühlschrank hat, kann Sonderangebote nutzen und spart jede Menge Geld. Kartoffeln im Herbst in großen Mengen kaufen, beispielsweise direkt beim Bauern oder auf dem Wochenmarkt.

Gezielt einkaufen

▶ Von »billig nach teuer« die Einkaufstour beginnen, also starten bei den großen Discountern. Nur das, was es dort nicht gibt, im normalen Supermarkt kaufen. Dort gezielt nach den weißen Produkten schauen.

Preise vergleichen

▶ Ein Einkaufszettel macht Sinn, damit man nichts Überflüssiges kauft. Kassenzettel aufheben und die Preise lernen. Auch unter den Discountern gibt es teilweise deutliche Preisunterschiede. Nur wer die Preise kennt, wird zum erfolgreichen Schnäppchenjäger!

Energiesparend kochen

▶ Reis und Kartoffeln brauchen etwa 20 Min., bis sie gar sind, ein relativ hoher Aufwand an Zeit und Energie, den man genauso gut für die doppelte Menge Reis oder Kartoffeln nutzen kann. Am nächsten Tag wird daraus ein schnelles Reste-Essen gezaubert.

Saison für Sparer

▶ Neben den Ganzjahres-Basics Obst und Gemüse nur in der entsprechenden Saison kaufen: Erdbeeren im Juni, Orangen im Herbst und Winter, Zucchini oder Paprika nur im Sommer.

Maxi statt Mini

▶ Großpackungen sind oft billiger als Miniportionen. Vor allem bei TK-Gemüse lässt sich so Geld sparen. Lieblingsgemüse also tiefgekühlt kiloweise kaufen, kleine Portionen lassen sich gut entnehmen.

Speiseplan nach Angebot

▶ Kochen Sie nach den Angeboten der Woche der Discounter – gestalten Sie Ihren Speisezettel nach den Sonderangeboten. Orientieren Sie sich über die aktuellen Schnäppchen und suchen Sie entsprechende Rezepte.

Zeit ist Geld

▶ Selbermachen, -kochen und -backen kostet zwar Zeit, ist aber preiswerter als Fertigmenüs aus dem Supermarkt oder Kuchen aus der Konditorei. Und es schmeckt eindeutig besser und ist gesünder!

Grünes Licht für grünen Genuss

▶ Vegetarisch essen ist in! Dazu kommt, dass gutes Fleisch teuer ist. Kochen Sie seltener Fleisch, schauen Sie dafür auf Qualität und genießen Sie öfter fleischlos. Das Plus im Geldbeutel ist auch ein Plus für die Gesundheit.

Theorie
RICHTIG WÜRZEN

Die Gaumenkitzel-Tipps

Nach so viel Knauserei kommen wir endlich zum Geschmack. Denn trotz aller Spar-Appelle gilt: sparen sollten Sie, wo immer es geht, nur nicht an den Gewürzen.

Gute Gewürze
...und Gewürzmischungen sind viel aromatischer als die preiswerteren Standards. Sie sind damit ergiebiger und eine gute Investition: mit ihnen werden schlichte Basics zu echten Delikatessen! Setzen Sie mit Pikantem, Aromatischem oder Scharfem Akzente: gerösteter Sesam, Chili, Ingwer oder Schwarzkümmel geben Gerichten den letzten Kick und lassen vergessen, dass man eigentlich sehr preiswert gekocht hat. Alle exotischen Gewürze, Gewürzmischungen, Saucen und Pasten können Sie frisch, preiswert und in großer Auswahl in asiatischen Lebensmittelgeschäften kaufen.

Frische Extras
Verwenden sie bei allen Rezepten zusätzlich immer etwas Frisches: ein wenig frisch gehackte Petersilie, ein Spritzer Zitronensaft, ein paar Tomatenscheiben heben den Geschmack und sorgen auch für optischen Genuss.

Gewürze einkaufen und lagern
• Gewürze immer in kleinen Mengen kaufen und unbedingt auf Qualität (meistens erkennbar am Preis) achten. Große Nachfüllpackungen können in normalen Haushalten nicht schnell genug verbraucht werden und die Gewürze verlieren an Aroma.
• Gewürze nicht am oder über dem Herd lagern: Küchendunst und Feuchtigkeit schaden dem Aroma.
• Gewürze in braunen Gläsern oder lichtundurchsichtigen Packungen lagern: sie sind lichtempfindlich, ihre Würzkraft und Farbe leidet, wenn sie Licht ausgesetzt sind.
• Aromatische Gewürze mit ätherischen Ölen (zum Beispiel Pfeffer oder Zimt) im Ganzen als Pfefferkörner oder Zimtstangen kaufen und vor der Verwendung in der Mühle oder im Mörser zerkleinern.

> Gekörnte Brühe und andere Instantbrühen dürfen in keiner Küche fehlen

Fürs Gewürzregal
Einige Gewürze gehören quasi zum Standard und sollten in keiner Küche fehlen.
• Kräuterwürfel: fürs unkomplizierte schnelle Würzen – peppen z. B. Püree aus der Tüte auf, lecker zu Gemüse und in Brühen.
• Gekörnte Brühe ist unersetzlich für Bouillon-Kartoffeln, auch als schnelles Streugewürz einsetzbar.
• Kräutersalz: unverzichtbar für Dips und Salatsaucen. Toll auf Gemüse und Rohkost.
• Pfeffer gibt's schwarz, weiß, rot oder grün, ist Geschmackssache. Hauptsache: nur frisch gemahlen verwenden!

Theorie
PRODUKTE ZUM WÜRZEN

Fertige Mischungen

Pesto: gibt's in roter und klassischer grüner Variante, passt nicht nur zu Nudeln, auch mal zu grünen Bohnen oder dünn auf geröstetem Brot.

Austern- und Chilisauce: Allroundwürzen in der asiatischen Küche, super pur zum Dippen oder zum schnellen Würzen von Reis und Wokgerichten.

Sambal Manis und Sambal Oelek: Würzpasten auf der Basis von Chilischoten. Sambal Manis sorgt dank Zucker für den sanfteren, Sambal Oelek für den stärkeren Schärfe-Kick.

Tom-Ka-Paste: Basis für eine thailändische Suppe, würzt auch viele andere Gerichte zitronig-scharf.

Tandoori Masala, Garam Masala, Currymischungen: Diese indischen Gewürzmischungen, mehr oder weniger scharf, passen auch hervorragend zu einheimischen Basics.

Saté Mix: scharf gewürzte, zerkleinerte Erdnüsse, die mit Kokosmilch zu Satésauce werden. Man kann sie auch einfach über Reis oder Gemüse streuen.

KURZREZEPTE

Süße Klassiker

Pfannkuchen-Pizza
Pro Person 0,65 €
Für 2 Personen

80 g Mehl, 1 TL Backpulver, 2 Eier, 150 ml Milch und 1 Prise Salz verquirlen. 1 Apfel schälen, entkernen, in 1 cm dicke Ringe schneiden. 1 Banane schälen und in Scheiben schneiden. 100 g Erdbeermarmelade glatt rühren. Apfel und Banane in 1 EL Margarine anbraten und weich schmoren. Aus dem Teig in 2 EL Margarine 4 Pfannkuchen backen, mit dem Obst belegen, Marmelade darauf verteilen, mit 2 TL Kokosraspeln bestreuen.

Grießbrei-Cassata
Pro Person 0,73 €
Für 2 Personen

50 g Rosinen in 50 ml Rum (oder Saft) einweichen. 1/2 l Milch mit je 2 EL Butter und Zucker und 1 Prise Salz aufkochen, 40 g Grieß einstreuen, unter Rühren bei schwacher Hitze 10 Min. köcheln lassen. Inzwischen 3 Blatt Gelatine in Wasser 5 Min. quellen lassen, ausdrücken, in den Brei einrühren. Je 50 g Mandeln und Orangeat mit den Rosinen unterheben. Brei in eine Form gießen und in 2–3 Std. erstarren lassen. Form kurz in heißes Wasser tauchen, dann stürzen.

Arme Honig-Ritter
Pro Person 0,48 €
Für 2 Personen

200 ml Milch mit 1 Ei und 1 Prise Salz verquirlen. 2 EL Zucker und 1/2 TL Zimt mischen. 6 Scheiben Honigkuchen in eine flache Schüssel legen, mit der Eimilch begießen und darin ein paar Minuten ziehen lassen, dabei einmal wenden. Die Honigkuchenscheiben in 3 EL Margarine von beiden Seiten bei mittlerer Hitze braten. Zimt-Zucker darüber streuen. Mit Apfelmus servieren.

Knusper-Milchreis
Pro Person 0,59 €
Für 2 Personen

1/2 l Milch mit 1 Prise Salz aufkochen, 125 g Milchreis hineingeben, zugedeckt 30–40 Min. bei schwacher Hitze quellen lassen. 1 Scheibe Schwarzbrot fein würfeln. 50 g Haselnüsse grob hacken, in einer Pfanne trocken rösten. Nüsse an den Rand schieben, 4 EL Butter schmelzen lassen, Brot darin braten. 2 EL Zucker dazugeben, unter Rühren karamellisieren lassen. Abkühlen lassen. Milchreis nach Geschmack mit Zucker süßen, mit der Nuss-Mischung bestreuen.

Theorie
PÜREE-VARIATIONEN

Kartoffelpüree klassisch (0,10 € pro Person): 1 kg Kartoffeln schälen, stückig schneiden, in Salzwasser 20 Min. garen. 250 ml Milch aufkochen, Kartoffeln abgießen, zerstampfen, Milch darunter rühren, mit Salz und Muskatnuss würzen.

Tomatenpüree (0,22 € pro Person): Püree nach Grundrezept zubereiten. 40 g Butter schmelzen, 1/2 Tube Tomatenmark unter Rühren darin rösten. Salzen, pfeffern, auf das heiße Püree geben. Mit der Gabel spiralig einrühren, nicht ganz vermischen.

Käsepüree (4 Portionen à € 0,31): Püree nach Grundrezept zubereiten, 150–200 g Schmelzkäse, Scheibletten oder geriebene Käsereste in wenig heißer Milch unter Rühren auflösen. Mit Pfeffer und Muskat würzen. Unter das heiße Püree schlagen.

Kräuterpüree (4 Portionen à € 0,26): Püree nach Grundrezept zubereiten, 2 Kräuterwürfel in wenig heißem Wasser auflösen, unter das Püree mischen. Mit frischen Kräutern bestreuen.

Apfelpüree (0,24 € pro Person): Püree nach Grundrezept mit weniger Milch zubereiten. 1/2 Glas Apfelmus vorsichtig erhitzen, unter das Püree schlagen. Mit 2 EL Röstzwiebeln bestreuen.

Currypüree (0,22 € pro Person): Püree nach Grundrezept zubereiten, die Milch mit Curry würzen. 3 EL Sesam in einer Pfanne trocken rösten. 40 g Butter dazugeben und aufschäumen lassen. Sesambutter über das heiße Currypüree träufeln.

Alles aus Kartoffeln

Kartoffeln sind nicht nur preiswert, fettarm und gesund, sondern so vielseitig wie kaum ein anderes Lebensmittel. Sie werden auf tausendundeine Art zubereitet und passen zu Fleisch, zu Eiern, zu Fisch, zu Gemüse. Freuen Sie sich auf neue Spielarten, wie wäre es mit Kartoffeln in Kokosmilch? Oder Kartoffeln in Zitronen-Creme? Oder asiatisch gewürzt? Einfach mal ausprobieren – echt toll, diese Kartoffeln.

11	Spinat-Gnocchi	19	Kokoskartoffeln
11	Kartoffelsuppe	19	Tandoori-Bratkartoffeln
12	Bouillonkartoffeln in Variationen	20	Zitronenkartoffeln
15	Kartoffel-Käse-Suppe	20	Kartoffel-Bohnen-Curry
15	Kartoffel-Gurken-Suppe	23	Kartoffel-Käsekuchen
16	Kartoffelsalat »edel«	23	Haselnuss-Koriander-Puffer
16	Kartoffel-Harzerkäse-Salat		

Rezepte
ALLES AUS KARTOFFELN

Blitzrezepte

Spinat-Gnocchi

PRO PERSON 0,57 €

➤ 1 Paket TK-Rahmspinat (450 g)
2 Kräuterwürfel | 1 Päckchen Kartoffel-Gnocchi (500 g) | Salz | Pfeffer | 1,5 EL Butter | 4 Eier

1 | Spinat nach Packungsangabe zubereiten, Kräuterwürfel zerkrümeln und untermischen. Gnocchi in kochendes Salzwasser geben, 2–3 Min. sprudelnd kochen lassen, bis sie nach oben steigen. Abtropfen lassen, unter den Spinat mischen und pfeffern.

2 | Butter erhitzen, Spiegeleier darin braten, salzen und pfeffern. Mit den Spinat-Gnocchi servieren.

Kartoffelsuppe

PRO PERSON 0,36 €
FÜR 4 PERSONEN

➤ 1 Dose stückige Tomaten (400 g Inhalt)
400 ml Gemüsebrühe (Instant) | 3 Knoblauchzehen | 1 TL Kräuter der Provence
300 g Kartoffeln | 3 EL Tomatenmark
Kräutersalz | Pfeffer | 4 TL Schmand
4 EL frisch geriebener Parmesan

1 | Tomaten und Brühe aufkochen, Knoblauch schälen, durch die Presse drücken, mit den Kräutern dazugeben.

2 | Kartoffeln schälen und klein würfeln, 15 Min. in der Brühe gar kochen. Brühe mit Tomatenmark, Salz und Pfeffer abschmecken. Mit Schmand und Parmesan servieren.

Rezepte
ALLES AUS KARTOFFELN

Grundrezept
Bouillon-kartoffeln

PRO PERSON 0,14 €
FÜR 4 PERSONEN

- **1 kg Kartoffeln**
  5 TL gekörnte Brühe (Hühner- oder Gemüsebrühe)
  Pfeffer

🕐 Zubereitung: 30 Min.
▶ Pro Portion ca.: 140 kcal

1 | Kartoffeln schälen und in 2 cm große Würfel schneiden. In einen Topf geben.

2 | Kartoffeln mit Brühe bestreuen, so viel Wasser dazugeben, dass sie knapp bedeckt sind. Aufkochen und offen 15 Min. köcheln lassen, dabei ab und zu umrühren. Die Brühe sollte dabei fast einkochen. Kartoffeln kräftig pfeffern.

- **Mozarella-Kartoffeln**
  PRO PERSON 0,61 €
  1 Dose stückige Tomaten (400 g Inhalt)
  Salz | Pfeffer
  2 Kugeln gewürfelten Mozzarella
  Basilikum
- Pro Portion ca.: 280 kcal

Tomaten abtropfen lassen, salzen, pfeffern, unter die Kartoffeln mischen, erhitzen. Mozzarella darüber geben und zugedeckt schmelzen lassen. Mit Basilikum bestreuen und Pfeffer darüber mahlen.

- **Käsekartoffeln**
  PRO PERSON 0,57 €
  200 g Frischkäse
  Pfeffer
  edelsüßes Paprikapulver
  Cayennepfeffer
  100 g frisch geriebener Käse (z. B. Gouda)
  2 EL gehackte Petersilie
- Pro Portion ca.: 290 kcal

Frischkäse unter die heißen Kartoffeln rühren, pfeffern, mit Paprika und Cayennepfeffer abschmecken. Käse darüber streuen, im Backofen übergrillen oder zugedeckt schmelzen lassen. Kartoffeln mit Petersilie bestreuen.

- **Schneller Kartoffelsalat**
  PRO PERSON 0,58 €
  200 g Kräuterfrischkäse
  3 Eier | 1 Apfel
  4 Gewürzgurken
  Salz | Pfeffer
  4 EL Schnittlauchröllchen
- Pro Portion ca.: 270 kcal

Frischkäse unter die Kartoffeln rühren, abkühlen lassen. Die Eier hart kochen, abschrecken, pellen und grob hacken. Apfel vierteln, entkernen, mit der Schale klein schneiden. Gewürzgurken in Scheiben schneiden. Mit den Kartoffeln mischen, durchziehen lassen. Abschmecken, mit Schnittlauchröllchen bestreut servieren.

- **Kartoffel-Risi-Bisi**
  PRO PERSON 0,70 €
  1 TL milder Curry
  300 g TK-Erbsen
  Salz | Pfeffer
  200 g geräucherte Putenbrust im Stück
  3 EL gehackte Petersilie
- Pro Portion ca.: 230 kcal

Kartoffeln nach dem Grundrezept zubereiten, dabei die Brühe mit Curry würzen. Erbsen in Salzwasser bissfest garen, abgießen und sofort unter die heißen Kartoffeln mischen, mit Salz und Pfeffer würzen. Die Putenbrust würfeln, unter die Kartoffeln mischen. Mit Petersilie garniert servieren.

Rezepte
ALLES AUS KARTOFFELN

herzhaft
Kartoffel-Käse-Suppe

PRO PERSON 0,76 €
FÜR 4 PERSONEN

- 2 Zwiebeln
  2 Knoblauchzehen
  3 Möhren
  400 g mehlig kochende Kartoffeln
  200 g Fetakäse
  30 g Butter
  1 l Hühnerbrühe (Instant)
  Salz | Pfeffer
  Cayennepfeffer
  Worcestershiresauce

🕐 Zubereitung: 40 Min.
- Pro Portion ca.: 400 kcal

1 | Zwiebeln und Knoblauch schälen und hacken. Möhren und Kartoffeln schälen und grob würfeln. Feta sehr klein würfeln oder reiben.

2 | Die Butter erhitzen, Zwiebeln und Möhren 5 Min. anschmoren. Knoblauch kurz mitschmoren. Gemüse mit der Hühnerbrühe ablöschen. Kartoffeln dazugeben, 15 Min. bei schwacher Hitze köcheln lassen, bis das Gemüse gar ist.

3 | Gemüse mit dem Pürierstab in der Brühe pürieren. Aufkochen lassen, Feta einrühren, bis er schmilzt. Die Suppe mit Salz, Pfeffer, Cayennepfeffer und Worcestershiresauce abschmecken. Dazu passt Baguette.

- Variante: Ersetzen Sie den Feta durch mittelalten Gouda: einfach reinreiben und in der Suppe schmelzen lassen.

gelingt leicht
Kartoffel-Gurken-Suppe

PRO PERSON 0,45 €
FÜR 4 PERSONEN

- 300 g Kartoffeln
  Salz | Pfeffer
  1/2 Glas Schlesische Gurkenhappen
  1/2 Bund frischer Dill
  1/2 l Milch
  1/2 l Brühe (Instant)
  125 g saure Sahne
  Worcestershiresauce
  grüne Chilisauce nach Belieben

🕐 Zubereitung: 30 Min.
- Pro Portion ca.: 200 kcal

1 | Kartoffeln schälen, in Würfel schneiden und in Salzwasser in 15 Min. gar kochen.

2 | Inzwischen die Gurken abtropfen lassen. Dill waschen, von den Stielen zupfen und hacken.

3 | Gurken und Kartoffeln mit dem Pürierstab in der Milch pürieren. Die Brühe bis zur gewünschten Konsistenz dazugeben und alles erhitzen. Die Sahne unterrühren, die Suppe jetzt nicht mehr kochen lassen.

4 | Die Suppe salzen und pfeffern. Mit Worcestershiresauce und nach Belieben mit Chilisauce kräftig würzen. Mit Dill bestreut servieren.

TIPP Die Suppe ist ein toller Resteverwerter, sie gelingt auch sehr gut mit gekochten Kartoffeln vom Vortag.

◀ im Bild rechts: Kartoffel-Käse-Suppe   im Bild links: Kartoffel-Gurken-Suppe

Rezepte
ALLES AUS KARTOFFELN

fürs Büffet
Kartoffelsalat »edel«

PRO PERSON 0,45 €
FÜR 4 PERSONEN
- **800 g Kartoffeln**
  3 TL gekörnte Brühe
  4 TL Tom-Ka-Paste (aus dem Asienladen)
  2 unbehandelte Zitronen
  2 TL Honig
  1 TL scharfer Senf
  2 TL Kräutersalz
  1/2 Bund Zitronenmelisse (ersatzweise Petersilie)

- Zubereitung: 40 Min. (+ Marinierzeit)
- Pro Portion ca.: 130 kcal

1 | Kartoffeln schälen und in Scheiben hobeln, knapp mit Wasser bedecken, mit gekörnter Brühe und 2 TL Tom-Ka-Paste 15 Min. garen.

2 | Kartoffeln in ein Sieb geben, abtropfen und abkühlen lassen.

3 | 1 Zitrone heiß abwaschen, mit dem Sparschäler dünn schälen und die Schale in sehr feine Würfel schneiden.

4 | Für das Dressing 2 TL Tom-Ka-Paste in 1 EL heißem Wasser auflösen. Honig, Senf, Salz, Saft und die Zitronenschale dazugeben. Die Kartoffeln unterheben, alles gut durchziehen lassen.

5 | Die zweite Zitrone mit der weißen Haut schälen. Zitrone in sehr feine Scheiben schneiden und unter den Salat mischen. Mit Zitronenmelisse dekorieren. Dazu passen Hackbällchen (S. 50) oder Hähnchenfilet.

herzhaft
Kartoffel-Harzerkäse-Salat

PRO PERSON 1,20 €
FÜR 4 PERSONEN
- **700 g Kartoffeln**
  4 TL gekörnte Brühe
  500 g Zwiebeln
  1 EL Öl
  1 1/2 Rollen reifer Harzerkäse
  1 Glas Mixed Pickles (530 ml Inhalt)
  5 EL Reisessig
  5 EL süßer Senf
  200 g Schmand
  Pfeffer | Salz
  1/2 Bund Schnittlauch

- Zubereitung: 45 Min. (+ Marinier- und Abkühlzeit)
- Pro Portion ca.: 430 kcal

1 | Kartoffeln schälen, in 1 cm große Würfel schneiden und in einen Topf geben. Mit der Brühe bestreuen, so viel Wasser dazugeben, dass die Kartoffeln gerade bedeckt sind. Aufkochen lassen, offen 15 Min. köcheln lassen, ab und zu umrühren. Abkühlen lassen.

2 | Zwiebeln schälen, grob würfeln, Öl erhitzen, die Zwiebeln dazugeben und in 6–7 Min. glasig schmoren. Abkühlen lassen. Harzerkäse und Mixed Pickles in 1 cm große Würfel schneiden.

3 | Aus den übrigen Zutaten ein Dressing rühren, alles gut mischen und durchziehen lassen.

4 | Schnittlauch waschen, trockenschütteln, in Röllchen schneiden. Den Salat damit bestreuen. Dazu passt Schwarz- oder Zwiebelbrot.

im Bild vorne: Kartoffelsalat »edel«   *im Bild hinten:* Kartoffel-Harzerkäse-Salat

Rezepte
ALLES AUS KARTOFFELN

gelingt leicht
Kokoskartoffeln

FÜR 4 PERSONEN 0,71 €
FÜR 4 PERSONEN

- 1 kg Kartoffeln
  1 rote Paprikaschote
  1/2 Bund Frühlingszwiebeln
  2 Zwiebeln
  2 Knoblauchzehen
  2 EL Öl
  1 Dose Kokosmilch (400 ml Inhalt)
  1 Tasse konzentrierte Brühe (Instant)
  3 TL Tom-Ka-Paste
  Salz | Pfeffer

⏱ Zubereitung: 40 Min.
- Pro Portion ca.: 220 kcal

1 | Kartoffeln schälen und in Achtel schneiden. Paprikaschote putzen, waschen und in Rauten schneiden. Frühlingszwiebeln putzen und in feine Ringe schneiden.

2 | Zwiebeln und Knoblauch schälen, beides fein hacken. 1 EL Öl erhitzen, die Zwiebeln dazugeben in 5 Min. glasig schmoren. Knoblauch dazugeben, 1–2 Min. mitschmoren. Mit Kokosmilch und der Brühe ablöschen. Aufkochen lassen, mit Tom-Ka-Paste kräftig würzen.

3 | Kartoffeln in die Brühe geben und offen unter Rühren 15 Min. köcheln lassen.

4 | Inzwischen das restliche Öl erhitzen, Paprika dazugeben und in 5 Min. bissfest schmoren. Paprika zu den Kartoffeln geben, mit Salz und Pfeffer abschmecken. Die Frühlingszwiebeln darüberstreuen und servieren.

exotisch
Tandoori-Bratkartoffeln

PRO PERSON 0,13 €
FÜR 4 PERSONEN

- 800 g Kartoffeln
  2 TL Sesam
  2 EL Öl
  2 EL Butter
  Salz | Pfeffer
  2 TL Tandoori Masala

⏱ Zubereitung: 40 Min. (+ Auskühlzeit)
- Pro Portion ca.: 220 kcal

1 | Kartoffeln in 30 Min. gar kochen. Abkühlen lassen.

2 | Sesam in einer Pfanne trocken rösten, bis er duftet, abkühlen lassen. Kartoffeln pellen und würfelig schneiden.

3 | Öl und Butter in einer Pfanne erhitzen, Kartoffelwürfel kräftig darin anbraten. Salzen, pfeffern, mit Tandoori Masala und Sesam bestreut servieren.

TIPPS

Servieren Sie dazu asiatische Spiegeleier und japanischen Gurkensalat.

Dafür pro Person 2 Spiegeleier in Butter braten, auf jedes Eigelb 1 TL Austernsauce träufeln und vorsichtig miteinander vermischen. Für den Gurkensalat 1 TL Sesam trocken rösten. 1 große Gurke schälen, halbieren, entkernen und in Stifte schneiden. Salzen, pfeffern, mit 2 EL Reisessig und 3 TL Sherry (oder Sojasauce) mischen, zugedeckt ziehen lassen. Mit dem Sesam bestreuen.

◂ im Bild vorne: **Kokoskartoffeln** im Bild hinten: **Tandoori-Bratkartoffeln**

Rezepte
ALLES AUS KARTOFFELN

für Gäste
Zitronenkartoffeln

PRO PERSON 0,57 €
FÜR 4 PERSONEN

- 800 g Kartoffeln
  3 TL gekörnte Brühe
  2 TL Curry mild
  1 kleine Dose Kichererbsen (400 g Inhalt)
  1 unbehandelte Zitrone
  200 g Frischkäse
  Salz | Pfeffer
  1 Bund glatte Petersilie
  2 EL Schwarzkümmel

⏱ Zubereitung: 45 Min.
➤ Pro Portion ca.: 240 kcal

1 | Kartoffeln schälen, in etwa 2 cm große Würfel schneiden. Mit Wasser bedecken, mit Brühe und Curry würzen, zugedeckt 15 Min. garen. Auf einem Sieb abtropfen lassen, die Flüssigkeit auffangen.

2 | Kichererbsen gründlich in einem Sieb mit Wasser abspülen und abtropfen lassen, unter die Kartoffeln mischen.

3 | Zitrone heiß abwaschen, die Schale dünn abschälen, in sehr feine Streifen schneiden. Zitrone auspressen.

4 | Kochflüssigkeit mit Frischkäse und Zitronensaft verrühren, Zitronenschale dazugeben, salzen und pfeffern. Mit den Kartoffeln vermischen und erhitzen. Petersilie waschen und grob hacken.

5 | Kartoffeln mit Petersilie und Schwarzkümmel bestreuen. Dazu passen kurzgebratene Hähnchenfilets.

gelingt leicht
Kartoffel-Bohnen-Curry

PRO PERSON 0,41 €
FÜR 4 PERSONEN

- 2 TL gekörnte Brühe
  500 g Kartoffeln
  3 Zwiebeln
  1 EL Öl
  3 TL Madras-Curry
  200 ml Milch
  1 Dose weiße Bohnen (800 g Inhalt)
  4 EL gehackte Petersilie

⏱ Zubereitung: 30 Min.
➤ Pro Portion ca.: 310 kcal

1 | Kartoffeln schälen und in 2 cm große Würfel schneiden. In einen Topf geben, mit der Brühe bestreuen. So viel Wasser dazugeben, dass sie knapp bedeckt sind. Aufkochen und offen 15 Min. köcheln lassen.

2 | Inzwischen die Zwiebeln schälen und in Ringe schneiden. Das Öl erhitzen, Zwiebelringe darin in 6–7 Min. glasig anschmoren. Currypulver darüber stäuben, unter Rühren kurz anrösten. Mit Milch ablöschen.

3 | Kartoffeln und Bohnen zu den Zwiebeln geben, alles gut mischen und vorsichtig erhitzen. Petersilie darunter heben. Möhrenrohkost dazu servieren (siehe Tipp).

TIPP
Dazu passt Möhrenrohkost: 400 g Möhren schälen und raspeln. 1 Zitrone auspressen, den Saft mit 3 EL Wasser, 1 TL gekörnter Brühe, 1 EL Öl, Salz und Pfeffer verrühren. Dressing mit den Möhren mischen. Gehackte Petersilie dazugeben.

im Bild vorne: **Kartoffel-Bohnen-Curry**   *im Bild hinten:* **Zitronenkartoffeln** ➤

Rezepte
ALLES AUS KARTOFFELN

braucht etwas Zeit
Kartoffel-Käsekuchen

BEI 6 PORTIONEN PRO PERSON 0,50 €
FÜR 1 SPINGFORM VON 26 CM Ø

- 600 g Kartoffeln
- 3 Zwiebeln
- 3 EL Margarine
- 2 Eier
- 500 g Magerquark
- Salz | Pfeffer
- 1 Bund glatte Petersilie
- 2 TL edelsüßer Paprika
- 2 EL scharfer Senf
- 3 EL Semmelbrösel
- 100 g frisch geriebener Käse (z. B. Gouda)

⏱ Zubereitung: 50 Min. (+ 1 Std. Backzeit)
➤ Pro Portion ca.: 280 kcal

1 | Kartoffeln schälen, grob raspeln, ausdrücken. Zwiebeln schälen, grob hacken. Kartoffeln und Zwiebeln in 2 EL Margarine 10 Min. braten. Backofen auf 175° vorheizen.

2 | Eier trennen. Quark mit den Eigelben verrühren, salzen, pfeffern. Petersilie waschen und hacken. Paprika, Petersilie und Senf unter den Quark rühren. Eiweiße zu Schnee schlagen, unter den Quark heben und mit den Kartoffeln vermischen.

3 | Springform mit Margarine ausfetten, mit Semmelbröseln ausstreuen. Kartoffelmasse einfüllen und glatt streichen.

4 | Kuchen 50 Min. im Ofen backen (Mitte, Umluft 160°). Käse darüber verteilen, weitere 10 Min. backen.

Klassiker auf neue Art
Haselnuss-Koriander-Puffer

PRO PERSON 0,73 €
FÜR 4 PERSONEN

- 1 kg Kartoffeln
- 200 g Haselnüsse
- 4 TL gemahlener Koriander
- 2 TL gemahlener Cumin
- 3 Eier
- Salz | Pfeffer
- 5 EL Öl
- 200 g Frischkäse
- 1 Glas Apfelmus (720 g Inhalt) | 1 TL Zimt
- 3 TL brauner Zucker

⏱ Zubereitung: 1 Std.
➤ Pro Portion ca.: 860 kcal

1 | Kartoffeln schälen und reiben, dann mit Küchenpapier ausdrücken.

2 | Haselnüsse in einer Pfanne trocken rösten. Mit einem Handtuch die Haut abreiben. Koriander und Cumin in der Pfanne trocken rösten. Gewürze mit drei Viertel der Nüsse und 1 TL Salz in der Küchenmaschine fein mahlen. Restliche Nüsse grob hacken.

3 | Die Eier verquirlen, salzen, pfeffern, mit den gemahlenen Nüssen und den Kartoffeln mischen.

4 | Öl erhitzen, Puffermasse portionsweise in die Pfanne geben, etwas flach drücken und in 3–4 Min. pro Seite goldbraun backen.

5 | Frischkäse und Apfelmus im Mixer verquirlen, mit Zimt, Zucker und einer Prise Salz würzen, mit den grob gehackten Nüssen bestreuen. Zu den heißen Puffern servieren.

◀ im Bild vorne: Kartoffel-Käsekuchen   im Bild hinten: Haselnuss-Koriander-Puffer

Nudeln & Co

Nudeln, Reis und Couscous sind preiswert, fettarm, ideal für den Vorrat und ungeheuer vielseitig. Also echte Renner, wenn's um Sparen geht. Bei Couscous empfiehlt sich die Instant-Version, das verkürzt die Garzeit – so sparen Sie zusätzlich noch Energie.

25	Orangen-Couscous	30	Scharfe Asia-Nudeln
25	Nudeln mit Erbsenpesto	30	Mandel-Möhren-Couscous
26	Pilz-Bolognese	33	Tomaten-Sahne-Reis
26	Nudeln mit Linsencreme	33	Zitronenreis mit Hähnchen
29	Spaghetti mit Nuss-Sauce		
29	Gemüsenudeln		

Rezepte
NUDELN & CO

Blitzrezepte

Orangen-Couscous

PRO PERSON 0,26 €
FÜR 4 PERSONEN

➤ 150 ml Orangensaft | Salz | Pfeffer
2 TL gekörnte Brühe | 1/2 TL Zimtpulver
1/2 TL gemahlener Ingwer | 200 g
Couscous instant | 20 g Butter | 100 g
Rosinen

1 | Orangensaft mit 100 ml Wasser, 1 TL Salz, Pfeffer, Brühe und je 1/2 TL Zimt und Ingwer erhitzen. Über den Couscous gießen, abdecken, 5 Min. quellen lassen.

2 | Die Butter schmelzen lassen, über den Couscous geben, Couscous dabei mit der Gabel auflockern. Die Rosinen untermischen. Dazu passen in Butter gebratene Bananenviertel.

Nudeln mit Erbsenpesto

PRO PERSON 1,26 €
FÜR 4 PERSONEN

➤ 300 g TK-Erbsen | Salz | 1 Glas Pesto
(190 g Inhalt) | Pfeffer | 400 g Nudeln
60 g frisch geriebener Parmesan | Basilikumblättchen

1 | Erbsen in Salzwasser bissfest garen, kalt abschrecken. Mit dem Pürierstab fein pürieren, mit dem Pesto mischen, mit Pfeffer abschmecken.

2 | Nudeln nach Packungsanweisung in Salzwasser kochen. Inzwischen das Erbsenpesto vorsichtig erhitzen und über die heißen Nudeln geben. Mit Parmesan bestreuen und mit Basilikumblättchen dekorieren.

Rezepte
NUDELN & CO

raffiniert
Pilz-Bolognese

PRO PERSON 0,81 €
FÜR 4 PERSONEN

- 250 g Zwiebeln
- 50 g Mandeln
- 3 Knoblauchzehen
- 500 g Champignons
- 1 Bund glatte Petersilie
- 4 TL Öl oder Butterschmalz
- 2 TL Kräutersalz
- 100 g Schmand
- 2 EL Zitronensaft
- 1 TL abgeriebene Zitronenschale
- Salz | Pfeffer

⏱ Zubereitung: 45 Min.
➤ Pro Portion ca.: 210 kcal

1 | Zwiebeln schälen und würfeln. Mandeln blanchieren, schälen und hacken. Knoblauch schälen und hacken. Champignons putzen, in sehr feine Würfel schneiden. Petersilie waschen und hacken.

2 | 2 TL Öl erhitzen, Zwiebeln, Knoblauch und Mandeln 10 Min. schmoren.

3 | Zwiebel-Mandel-Masse an den Pfannenrand schieben. 2 TL Öl erhitzen, Champignonwürfel bei starker Hitze unter Rühren 3–4 Min. anbraten. Alles vermischen und mit Kräutersalz würzen.

4 | Den Schmand in die Bolognese einrühren, die Sauce mit Zitronensaft und -schale, Salz und Pfeffer abschmecken. Petersilie unterheben, zu Spaghetti oder anderen Nudeln servieren.

gelingt leicht
Nudeln mit Linsencreme

PRO PERSON 0,70 €
FÜR 4 PERSONEN

- 250 g Zwiebeln
- 3 Knoblauchzehen
- 1 EL Öl
- 150 g rote Linsen
- 2 TL gekörnte Brühe
- 1/2 TL Kurkuma
- 300 g Vollkorn-Bandnudeln
- Salz
- 200 ml Milch
- Cayennepfeffer
- 1 Bund glatte Petersilie
- 50 g frisch geriebener Parmesan

⏱ Zubereitung: 30 Min.
➤ Pro Portion ca.: 500 kcal

1 | Zwiebeln schälen und fein hacken. Knoblauch schälen und durchpressen. Zwiebeln und Knoblauch mit dem Öl in eine Pfanne geben und bei mittlerer Hitze in 8–9 Min. glasig schmoren.

2 | Inzwischen die Linsen in 200 ml kaltem Wasser mit der Brühe und Kurkuma aufsetzen. Aufkochen lassen und bei schwacher Hitze in 10 Min. knapp garen. Die Nudeln nach Packungsanweisung in Salzwasser bissfest kochen.

3 | Linsen zu den Zwiebeln geben, Milch dazugießen, 6–8 Min. sanft köcheln lassen, bis eine sämige Creme entsteht. Mit Salz und Cayennepfeffer abschmecken.

4 | Petersilie waschen, trockenschütteln und bis auf einige Blättchen grob hacken, unter die Creme mischen.

5 | Nudeln auf Teller geben, Linsencreme darauf verteilen. Mit Parmesan und Petersilie bestreuen und servieren.

Rezepte
NUDELN & CO

fruchtig
Spaghetti mit Nuss-Sauce

PRO PERSON 0,75 €
FÜR 4 PERSONEN
- 2 Zwiebeln
- 2 Knoblauchzehen
- 1 EL Öl
- 100 g gemahlene Haselnüsse
- 150 ml Orangensaft
- 250 ml Milch
- 3 TL gekörnte Brühe
- 400 g Vollkornspaghetti
- Salz
- 200 g Crème fraîche
- Pfeffer
- Minzeblättchen oder Petersilie

Zubereitung: 35 Min.
Pro Portion ca.: 780 kcal

1 | Zwiebeln schälen und fein hacken. Knoblauch schälen und durch die Presse drücken. Gleichzeitig mit dem Öl in die Pfanne geben, bei mittlerer Hitze in 8–9 Min. glasig schmoren.

2 | Nüsse dazugeben, unter Rühren 1–2 Min. leicht anrösten, mit Orangensaft ablöschen. Milch und Brühe dazugeben, leise köchelnd eindicken lassen.

3 | Inzwischen die Spaghetti nach Packungsanweisung in Salzwasser bissfest kochen.

4 | Crème fraîche in die Orangensauce einrühren, salzen und kräftig pfeffern. Sauce auf den Spaghetti verteilen, mit Minze oder Petersilie dekorieren.

gelingt leicht
Gemüsenudeln

PRO PERSON 0,82 €
FÜR 4 PERSONEN
- 400 g Möhren
- 200 g Zucchini
- 2 Knoblauchzehen
- 1 Bund Petersilie
- 1 EL Öl
- 1 EL Butter
- Salz
- 300 g Nudeln
- 1/2 Tasse konzentrierte Brühe (Instant)
- 200 g Frischkäse
- Kräutersalz | Pfeffer
- 50 g frisch geriebener Parmesan

Zubereitung: 40 Min.
Pro Portion ca.: 660 kcal

1 | Möhren schälen und in feine Stifte schneiden. Zucchini waschen und putzen, fein würfeln. Knoblauch schälen und fein hacken. Petersilie waschen und nicht zu fein hacken.

2 | Öl und Butter erhitzen, Knoblauch darin 1–2 Min. anschmoren, Möhren dazugeben, nach 4 Min. die Zucchini in 5 Min. bissfest garen.

3 | Inzwischen Salzwasser zum Kochen bringen, die Nudeln nach Packungsanweisung darin bissfest garen.

4 | Das Gemüse mit der Brühe ablöschen, Frischkäse einrühren, mit Kräutersalz und Pfeffer abschmecken.

5 | Die Nudeln abgießen und vorsichtig unter die Sauce heben. Mit Petersilie und Parmesan bestreut servieren.

◀ *im Bild vorne:* **Gemüsenudeln**   *im Bild hinten:* **Spaghetti mit Nuss-Sauce**

Rezepte
NUDELN & CO

exotisch
Scharfe Asia-Nudeln

PRO PERSON 0,58 €
FÜR 4 PERSONEN
- 300 g Zwiebeln
  300 g Möhren
  2 Knoblauchzehen
  300 g Asia-Nudeln
  2 EL Öl
  2 TL Sambal Manis
  1/2 Tasse Brühe (Instant)
  Sojasauce
  Schnittlauch zum Dekorieren

Zubereitung: 25 Min.
Pro Portion ca.: 330 kcal

1 | Zwiebeln und Möhren schälen und in Juliennestreifen schneiden. Knoblauch schälen und sehr fein hacken.

2 | Nudeln nach Packungsanweisung zubereiten, dann kalt abspülen und abtropfen lassen.

3 | Öl erhitzen, die Zwiebeln darin anschmoren, Knoblauch dazugeben, kurz weiterschmoren. Sambal Manis dazugeben. Die Möhren in die Pfanne geben, in 3–4 Min. unter Rühren bissfest garen.

4 | Mit der Brühe ablöschen. Nudeln dazugeben, erhitzen, mit Sojasauce abschmecken, mit Schnittlauchstängeln dekoriert servieren.

orientalisch
Mandel-Möhren-Couscous

PRO PERSON 0,52 €
FÜR 4 PERSONEN
- 250 g Zwiebeln
  500 g Möhren
  150 g Couscous instant
  200 ml heiße Gemüsebrühe (Instant)
  1/2 unbehandelte Zitrone
  100 g Mandelblättchen
  1 EL Öl
  Salz | Pfeffer
  300 g Joghurt
  1/4 TL Zimtpulver
  flüssiger Süßstoff

Zubereitung: 40 Min.
Pro Portion ca.: 400 kcal

1 | Zwiebeln schälen und fein hacken. Möhren schälen und mittelfein raspeln. Couscous mit der Brühe übergießen. Abgedeckt 5–6 Min. quellen lassen. Zitrone heiß waschen, die Schale abreiben und den Saft auspressen.

2 | Mandelblättchen in einer Pfanne unter Rühren trocken rösten, bis sie etwas bräunen, beiseite stellen.

3 | Öl erhitzen, die Zwiebeln darin in 8–10 Min. weich schmoren. Möhren dazugeben, unter Rühren in 3–4 Min. bissfest garen. Gemüse abschmecken, mit Couscous und Mandeln mischen. Nach Belieben mit Zitronenspalten garnieren.

4 | Joghurt mit den übrigen Zutaten verrühren, salzen und pfeffern. Zu dem Couscous reichen.

im Bild vorne: **Scharfe Asia-Nudeln** *im Bild hinten:* **Mandel-Möhren-Couscous**

Rezepte
NUDELN & CO

schnell
Tomaten-Sahne-Reis

PRO PERSON 0,60 €
FÜR 4 PERSONEN

- 250 g Reis
  Salz
  50 ml Milch
  1/2 Tube Tomatenmark
  200 g Frischkäse
  2 Kräuterwürfel
  1 Dose stückige Tomaten (400 g Inhalt)
  Pfeffer
  4 EL gehackte Petersilie

🕐 Zubereitung: 30 Min.
- Pro Portion ca.: 510 kcal

1 | Reis in 500 ml Salzwasser aufkochen, bei schwacher Hitze in 18 Min. ausquellen lassen.

2 | Kurz bevor der Reis gar ist, die Milch erhitzen, Tomatenmark, Frischkäse und Kräuterwürfel einrühren, darin auflösen. Tomaten abtropfen lassen, salzen und pfeffern, in der Milch erhitzen.

3 | Den heißen Reis unter die Tomatenmischung rühren, mit Petersilie bestreuen. Dazu passen sehr gut in Butter gebratene Spiegeleier.

für Gäste
Zitronenreis mit Hähnchen

PRO PERSON 1,05 €
FÜR 4 PERSONEN

- 1 unbehandelte Zitrone
  300 g Hähnchenbrustfilet
  700 ml Brühe (Instant)
  4 TL Honig
  Salz
  1/4 TL Kurkuma
  3 TL Tom-Ka-Paste
  250 g Reis
  1 Bund glatte Petersilie
  2 EL Butter
  Pfeffer
  heller Saucenbinder

🕐 Zubereitung: 40 Min.
- Pro Portion ca.: 390 kcal

1 | Die Zitrone heiß abwaschen, mit dem Sparschäler sehr dünn schälen, die Schale in sehr feine Streifen schneiden, den Saft auspressen. Hähnchenbrust abspülen, trockentupfen, in fingerdicke Streifen schneiden.

2 | 500 ml Brühe mit der Hälfte des Zitronensafts, 2 TL Honig, Salz, Kurkuma und der Tom-Ka-Paste aufkochen. Reis einstreuen, aufkochen lassen. Zugedeckt bei schwacher Hitze in 18 Min. ausquellen lassen. Petersilie waschen und in feine Streifen schneiden.

3 | Butter in der Pfanne schmelzen lassen, bis sie schäumt. Hähnchenstreifen von allen Seiten in 5–6 Min. goldbraun braten. Salzen und pfeffern. Aus der Pfanne nehmen, warm stellen.

4 | Den Rest Brühe mit 2 TL Honig und dem Rest Zitronensaft mischen, Bratensatz damit ablöschen. Aufkochen, mit etwas Saucenbinder andicken und über das Fleisch geben.

5 | Den Reis mit Zitronenschale und Petersilie bestreuen. Mit den Hähnchenstreifen servieren.

◀ *im Bild vorne:* Zitronenreis mit Hähnchen   *im Bild hinten:* Tomaten-Sahne-Reis

Gemüse und Hülsenfrüchte

Es müssen nicht immer Schwetzinger Spargel, Zuckerschoten und Keniaböhnchen sein... Wenn in der Haushaltskasse mal wieder Ebbe ist, zaubern Sie auch mit preiswertem Saisongemüse und günstigen Dauerbrennern wie Möhren, Zwiebeln und Kohl wahre Köstlichkeiten. Die Auswahl ist groß, neben Hülsenfrüchten, die es das ganze Jahr über billig zu kaufen gibt, lockt ein großes Angebot an preiswertem TK-Gemüse im Handel.

- 35 Brokkoli mit Satésauce
- 35 Buttergemüse-Omelett
- 36 Rote-Beete-Orangen-Suppe
- 36 Curry-Möhren-Suppe
- 39 Ananas-Chili-Suppe
- 39 Grüne Sommersuppe
- 40 Rot-grüner Bohnensalat
- 40 Kraut-Ananas-Salat
- 43 Ingwermöhren mit Nudeln
- 43 Kürbisfrittata
- 44 Ratatouille
- 44 Kürbis-Ratatouille
- 47 Dal aus roten Linsen
- 47 Apfel- Kichererbsen-Curry

Rezepte
GEMÜSE UND HÜLSENFRÜCHTE

Blitzrezepte

Brokkoli mit Satésauce

PRO PERSON 0,84 €
FÜR 4 PERSONEN

➤ 1 kg Brokkoli | Salz | 3 Knoblauchzehen | 2 TL Öl | 300 ml Hühnerbrühe (Instant) | 1 Glas Erdnussmus 'crunchy' (450 g Inhalt) | 3 EL süß-scharfe Chilisauce | 3 TL Sojasauce

1 | Brokkoli waschen, putzen, in Röschen teilen, in Salzwasser in 8 Min. bissfest garen.

2 | Inzwischen Knoblauch schälen, fein hacken, im Öl anschmoren, mit Brühe ablöschen. Erdnussmus einrühren, bis die Sauce sämig ist. Chilisauce unterrühren. Mit Sojasauce abschmecken. Sauce über den Brokkoli geben. Dazu passt Reis.

Buttergemüse-Omelett

PRO PERSON 0,73 €
FÜR 2 PERSONEN

➤ 4 Eier | 1 EL Mehl | Salz | Pfeffer
1 EL Sojasauce | 1 Schuss Mineralwasser | 450 g TK-Buttergemüse | 2 EL Butter | 2 El gehackte Petersilie

1 | Eier mit Mehl, Salz, Pfeffer, Sojasauce und Mineralwasser verquirlen.

2 | Gemüse in einer Pfanne mit 100 ml Wasser bei starker Hitze 7–8 Min. garen, bis die Flüssigkeit verdampft ist.

3 | Hitze herunterschalten, Butter zu dem Gemüse geben, schmelzen lassen, Eier darüber gießen. Deckel auflegen und Eimasse stocken lassen. Omelett mit Petersilie bestreuen und servieren.

Rezepte
GEMÜSE UND HÜLSENFRÜCHTE

fruchtig
Rote-Beete-Orangen-Suppe

PRO PERSON 0,45 €
FÜR 4 PERSONEN

- 300 g Rote Beete (Folienpack)
- 200 g gekochte Kartoffeln
- 1/2 l Orangensaft
- 200 ml Brühe (Instant)
- 100 ml Sherry (medium) nach Belieben
- 1 TL gemahlener Ingwer
- 1/4 TL Zimtpulver
- 1/4 TL Cayennepfeffer
- Salz
- 4 TL Crème fraîche
- Schnittlauch

⏱ Zubereitung: 15 Min.
- Pro Portion ca.: 160 kcal

1 | Rote Beete, Kartoffeln und Orangensaft mit dem Pürierstab pürieren. Nach Belieben durch ein Sieb streichen. Die Suppe mit so viel Brühe auffüllen, dass sie ziemlich flüssig wird.

2 | Suppe nach Belieben mit Sherry, Ingwer, Zimt, Cayennepfeffer und etwas Salz abschmecken.

3 | In jede Portion 1 TL Crème fraîche spiralig einrühren. Mit einigen Schnittlauchstängeln dekorieren.

exotisch
Curry-Möhren-Suppe

PRO PERSON 0,36 €
FÜR 4 PERSONEN

- 500 g Möhren
- 2 kleine Zwiebeln
- 1 EL Öl
- 1 EL Madrascurry
- 1/4 l Orangensaft
- 100 ml Brühe (Instant)
- 1/4 l Milch
- 50 g ungeschälter Sesam
- Salz
- 1/4 TL geschroteter Chili
- 4 EL Sahne

⏱ Zubereitung: 45 Min.
- Pro Portion ca.: 340 kcal

1 | Möhren schälen und in 2–3 cm dicke Scheiben schneiden. Zwiebeln schälen, grob würfeln.

2 | Öl erhitzen, Zwiebeln dazugeben und in 6–7 Min. glasig schmoren. Mit Currypulver bestäuben, 1–2 Min. unter Rühren anrösten. Mit Orangensaft ablöschen.

3 | Möhrenscheiben zu den Zwiebeln geben, so viel Brühe angießen, bis sie knapp bedeckt sind. In 15–20 Min. gar köcheln lassen.

4 | Zwiebeln und Möhren mit dem Pürierstab pürieren. Milch dazugeben, erhitzen, aber nicht kochen lassen.

5 | Sesam in der Pfanne trocken rösten, bis er duftet. Etwas abkühlen lassen. Mit 1 TL Salz und dem Chili im Mörser verreiben.

6 | Suppe in Teller verteilen, in jede Portion 1 EL Sahne spiralig einrühren, mit dem Sesam bestreuen. Dazu passt geröstetes Fladenbrot.

im Bild vorne: **Rote-Beete-Orangen-Suppe** *im Bild hinten:* **Curry-Möhren-Suppe**

Rezepte
GEMÜSE UND HÜLSENFRÜCHTE

erfrischend
Grüne Sommersuppe

PRO PERSON 0,78 €
FÜR 4 PERSONEN

- 300 g TK-Erbsen
  1 Gurke
  2 Hand voll frische Minze
  1 l Milch (1,5 % Fett)
  3 TL gekörnte Brühe
  Kräutersalz
  Pfeffer
  3 EL Zitronensaft
  grüne Chilisauce

- Zubereitung: 15 Min. (+ Kühlzeit)
- Pro Portion ca.: 140 kcal

1 | Erbsen nach Anweisung bissfest garen, kalt abschrecken. Gurke schälen und in grobe Stücke schneiden. Minze waschen, trockenschütteln und grob hacken. Einige Blättchen beiseite legen.

2 | In einem hohen Rührbecher Erbsen, Gurkenstücke und Minze in der Milch mit dem Pürierstab fein pürieren. Durch ein Sieb streichen. Brühe in 2 EL heißem Wasser auflösen, unterrühren.

3 | Suppe mit Salz, Pfeffer, Zitronensaft und Chilisauce kräftig abschmecken. 1–2 Std. kalt stellen.

4 | Die Suppe vor dem Servieren mit dem Pürierstab aufschäumen, mit Minzeblättchen servieren.

fruchtig
Ananas-Chili-Suppe

PRO PERSON 0,32 €
FÜR 4 PERSONEN

- 400 g Möhren
  200 g Zwiebeln
  1 Stück frischer Ingwer (etwa walnussgroß)
  1 kleine Dose Ananas in Scheiben (400 g Inhalt)
  1/2 unbehandelte Zitrone
  175 g gelbe Linsen
  Salz | 1 TL gekörnte Brühe
  2 TL Öl | Pfeffer
  1/2 TL Chilipulver
  2 EL Kokosflocken

- Zubereitung: 1 Std.
- Pro Portion ca.: 290 kcal

1 | Möhren und Zwiebeln schälen. Möhren grob raspeln, die Zwiebeln in feine Spalten schneiden. Ingwer schälen, fein hacken. Ananas fein würfeln, Saft auffangen. Die Zitrone dünn schälen, die Schale fein würfeln.

2 | Linsen in 1 l Wasser in 20 Min. weich kochen. Mit Salz und Brühe abschmecken.

3 | 1 TL Öl erhitzen, die Zwiebeln und Ingwer kurz schmoren. Zwiebeln an den Rand der Pfanne schieben. 1 TL Öl in die Mitte des Topfs geben, Möhren unter Rühren 4–5 Min. schmoren, bis sie weich sind. Mit Ananassaft ablöschen, 3–4 Min. köcheln lassen. Ein Drittel der Linsen dazugeben, mit dem Pürierstab pürieren, eventuell mit Wasser verdünnen.

4 | Ananas und restliche Linsen zur Suppe geben, erwärmen. Mit Salz, Pfeffer und Chili abschmecken. Kokosflocken trocken leicht braun rösten. Mit Zitronenschale und 1 Msp. Chili mischen und über die Suppe streuen.

◀ im Bild vorne: **Ananas-Chili-Suppe** im Bild hinten: **Grüne Sommersuppe**

Rezepte
GEMÜSE UND HÜLSENFRÜCHTE

fürs Büffet
Rotgrüner Bohnensalat

PRO PERSON 0,75 €
FÜR 4 PERSONEN

- 750 g grüne TK-Bohnen
  Salz
  1 Bund glatte Petersilie
  2 große Tomaten
  1 Dose Kidneybohnen (400 g Inhalt)
  3 EL Reisessig
  5 EL Sojasauce
  Kräutersalz
  Pfeffer

- Zubereitung: 25 Min. (+ Marinierzeit)
- Pro Portion ca.: 150 kcal

1 | Grüne Bohnen in Salzwasser bissfest garen. Kalt abschrecken. Petersilie waschen und grob hacken. Stielansätze der Tomaten entfernen. Tomaten kurz überbrühen, häuten, halbieren und entkernen. Das Fruchtfleisch würfeln.

2 | Kidneybohnen in einem Sieb abspülen und abtropfen lassen. Mit den Bohnen und den Tomaten mischen.

3 | Aus den übrigen Zutaten ein Dressing rühren und über das Gemüse gießen. Abgedeckt ziehen lassen, gelegentlich umrühren. Vor dem Servieren mit der Petersilie bestreuen.

fruchtig
Kraut-Ananas-Salat

PRO PERSON 0,62 €
FÜR 4 PERSONEN

- 500 g Weißkohl
  Salz
  1 kleine Dose Ananas (400 g Inhalt)
  100 g Rosinen
  3 EL fettreduzierte Salatcreme oder leichte Mayonnaise
  150 g Joghurt
  3 EL Honig
  3 TL Kräutersalz
  Pfeffer

- Zubereitung: 30 Min. (+ Marinierzeit)
- Pro Portion ca.: 240 kcal

1 | Weißkohl fein hobeln, 2–3 Min. in kochendem Salzwasser blanchieren. Abschrecken und abtropfen lassen.

2 | Ananas abtropfen lassen, dabei den Saft auffangen. Ananas in kleine Stücke schneiden, mit den Rosinen unter den Weißkohl mischen.

3 | Salatcreme oder Mayonnaise mit Joghurt, etwas Ananassaft, Honig, Kräutersalz und frisch gemahlenem Pfeffer verrühren und über den Salat gießen. Mischen und mindestens 2 Std. durchziehen lassen.

im Bild rechts: **Kraut-Ananas-Salat** *im Bild links:* **Rotgrüner Bohnensalat**

Rezepte
GEMÜSE UND HÜLSENFRÜCHTE

exotisch
Ingwermöhren mit Nudeln

PRO PERSON 0,72 €
FÜR 4 PERSONEN

- 1 kg Möhren
  4 Knoblauchzehen
  50 g frischer Ingwer
  3 EL Sesam
  1 Bund glatte Petersilie
  Salz
  400 g Bandnudeln
  1 EL Öl
  60 g Butter
  2 EL brauner Zucker
  200 ml Orangensaft

- Zubereitung: 35 Min.
- Pro Portion ca.: 640 kcal

1 | Die Möhren schälen, längs halbieren und mit dem Sparschäler in Streifen schneiden. Knoblauch und Ingwer schälen und sehr fein hacken. Sesam in einer Pfanne trocken rösten, bis er duftet. Petersilie waschen und grob hacken.

2 | Salzwasser zum Kochen bringen, die Nudeln nach Packungsangabe bissfest garen.

3 | Inzwischen Öl und 30 g Butter erhitzen, Ingwer und Knoblauch 1–2 Min. braten. Möhren dazugeben, 3–4 Min. braten, bis die Möhren knapp gar sind. Dabei vorsichtig wenden. Braunen Zucker darüber streuen, 1–2 Min. weiterschmoren, mit Orangensaft ablöschen und salzen. Mit Petersilie bestreuen.

4 | Restliche Butter schmelzen, über die Nudeln geben, mit Sesam bestreuen. Nudeln und Möhren zusammen anrichten.

schmeckt auch kalt
Kürbisfrittata

PRO PERSON 1,13 €
FÜR 4 PERSONEN

- 400 g Zwiebeln
  3 Knoblauchzehen
  600 g Kürbisfleisch
  150 g Blauschimmelkäse
  2 EL Öl
  Salz | Pfeffer
  6 Eier
  200 g Schmand

- Zubereitung: 1 Std.
- Pro Portion ca.: 480 kcal

1 | Zwiebeln und Knoblauch schälen und fein hacken. Kürbis mittelgrob raspeln. Blauschimmelkäse klein würfeln oder zerkrümeln.

2 | 2 EL Öl erhitzen, die Zwiebeln darin in 6–8 Min. weich schmoren. Knoblauch dazugeben, 1 Min. weiterschmoren. Den Kürbis dazugeben und 4 Min. unter Rühren braten. In eine Schüssel geben, salzen, pfeffern und abkühlen lassen.

3 | Eier mit Salz, Pfeffer und Schmand verquirlen. Mit der Kürbismasse mischen. 1 EL Öl erhitzen, Masse in die Pfanne geben, bei mittlerer Temperatur in 15 Min. stocken lassen.

4 | Sobald die Masse fast fest ist, mit dem Blauschimmelkäse bestreuen, den Käse zugedeckt in 3–4 Min. schmelzen lassen. Dazu passt Tomatensalat mit Olivenöl-Balsamico-Dressing.

◂ *im Bild vorne:* **Ingwermöhren mit Nudeln** *im Bild hinten:* **Kürbisfrittata**

Rezepte
GEMÜSE UND HÜLSENFRÜCHTE

Klassiker
Ratatouille

PRO PERSON 0,93 €
FÜR 4 PERSONEN

- 1 Aubergine (350 g)
  500 g Zucchini
  500 g gemischte Paprikaschoten (im Netz)
  300 g Zwiebeln
  3 Knoblauchzehen
  4 EL Olivenöl
  1 Dose stückige Tomaten (400 g Inhalt)
  Salz | Pfeffer
  2 TL getrockneter Oregano
  Basilikumblätter

- Zubereitung: 1 Std.
- Pro Portion ca.: 180 kcal

1 | Aubergine und Zucchini in etwa 1,5 cm große Würfel schneiden. Paprika mit dem Sparschäler schälen, dann halbieren, entkernen und würfeln. Zwiebeln und Knoblauch schälen und fein hacken.

2 | Olivenöl erhitzen, Zwiebeln 5 Min. anbraten, Knoblauch 1 Min. mitschmoren, Aubergine dazugeben, nach 4 Min. Zucchini und Paprika dazugeben. Alles noch 5 Min. schmoren, dabei regelmäßig wenden. Mit den Tomaten ablöschen, Salz, Pfeffer und Oregano dazugeben. Zugedeckt bei schwacher Hitze 15 Min. garen.

3 | Ratatouille abschmecken, mit Basilikum bestreuen. Dazu passt frisch aufgebackenes Kräuterbaguette.

Klassiker auf neue Art
Kürbis-Ratatouille

PRO PERSON 0,79 €
FÜR 4 PERSONEN

- 1 kleiner Kürbis (800 g)
  400 g Zwiebeln
  400 g Möhren
  4 Knoblauchzehen
  3 EL Olivenöl
  150 ml Gemüsebrühe (Instant)
  100 g Rosinen
  Salz
  Pfeffer
  1 TL gemahlener Piment
  1 Bund Petersilie

- Zubereitung: 50 Min.
- Pro Portion ca.: 230 kcal

1 | Kürbis halbieren, entkernen, nach Bedarf schälen und in etwa 1,5 cm große Würfel schneiden. Zwiebeln schälen und grob hacken. Möhren schälen, längs vierteln und schräg in 1 cm große Stücke schneiden. Knoblauch schälen, fein hacken.

2 | Olivenöl erhitzen, Zwiebeln 4–5 Min. anschmoren, Knoblauch 1 Min. mitschmoren. Möhren 2–3 Min. unter Rühren mitbraten, dann den Kürbis 3–4 Min. mitbraten. Mit der Brühe ablöschen, zugedeckt bei schwacher Hitze 10–15 Min. schmoren, ab und zu umrühren. Nach 5 Min. Garzeit die Rosinen dazugeben.

3 | Kürbis-Ratatouille salzen, pfeffern, mit Piment abschmecken. Mit Petersilie bestreut servieren. Dazu passt frisch aufgebackenes Fladenbrot.

TIPP Im Winter schmeckt eine Ratatouille aus Zwiebeln, Sellerie, Steckrüben und Möhren, die mit Zimt und Cayenne gewürzt wird.

im Bild rechts: Ratatouille   *im Bild links:* Kürbis-Ratatouille

Rezepte
GEMÜSE UND HÜLSENFRÜCHTE

indisch
Dal aus roten Linsen

PRO PERSON 0,39 €
FÜR 4 PERSONEN

- 1 Stange Lauch
  2 Knoblauchzehen
  250 g rote Linsen
  1 EL Öl
  1 TL Senfsaat
  1/2 TL Cumin
  2 TL mildes Currypulver
  1/4 TL Cayennepfeffer
  300 ml Brühe (Instant)
  Salz | Pfeffer

⏱ Zubereitung: 30 Min.
➤ Pro Portion ca.: 250 kcal

1 | Den Lauch putzen, längs aufschneiden und gründlich waschen. In feine Ringe schneiden. Knoblauch schälen und fein hacken. Linsen in ein Sieb geben, gründlich spülen und abtropfen lassen.

2 | Öl erhitzen, den Lauch 1–2 Min. anschmoren, Knoblauch dazugeben. Nach 1 Min. die Gewürze dazugeben und weiterschmoren, bis sie duften. Mit der Brühe ablöschen und die Linsen hineingeben.

3 | Alles 15–20 Min. leise köcheln lassen, bis die Linsen weich sind. Mit Salz und Pfeffer abschmecken. Geröstetes Fladenbrot passt gut dazu.

TIPP
Typisch zum Dal ist gewürzter Joghurt. Dafür 1 große Tomate kurz überbrühen, häuten, halbieren und entkernen. Fruchtfleisch klein würfeln. 1 Knoblauchzehe schälen und durch die Presse drücken. 300 g Joghurt mit Tomate, Salz, Knoblauch und 1/2 TL gemahlenem Cumin verrühren.

fruchtig
Apfel-Kichererbsen-Curry

PRO PERSON 0,46 €
FÜR 4 PERSONEN

- 300 g Zwiebeln | 3 Äpfel
  1 Dose Kichererbsen (400 g Inhalt)
  1 EL Öl
  1 Tasse Brühe (Instant)
  1/4 Block Kokoscreme
  Salz | Pfeffer
  3 TL Currypulver
  Koriandergrün

⏱ Zubereitung: 30 Min.
➤ Pro Portion ca.: 230 kcal

1 | Die Zwiebeln schälen und hacken. Äpfel waschen, vierteln und das Kerngehäuse entfernen. Apfelviertel in Spalten schneiden. Kichererbsen in einem Sieb abspülen und abtropfen lassen.

2 | Öl erhitzen, Zwiebeln dazugeben und in 8 Min. weich schmoren. Sobald sie etwas Farbe annehmen, die Äpfel dazugeben, 3–4 Min. braten. Mit Brühe ablöschen. Kokoscreme in die Brühe reiben, köcheln lassen, bis sie sich löst.

3 | Apfel-Zwiebel-Mischung mit Salz, Pfeffer und Curry abschmecken. Kichererbsen untermischen, heiß werden lassen. Nach Belieben mit Koriandergrün garnieren. Dazu mit Kurkuma gewürzten Reis servieren.

◀ im Bild vorne: Dal aus roten Linsen   im Bild hinten: Apfel-Kichererbsen-Curry

Fleischgerichte

Zugegeben, Roastbeef und Filetspitzen werden Sie hier nicht finden. Aber keine Sorge: aus Budgetgründen muss keiner zum Vegetarier werden. Wir zeigen Ihnen mit unseren Rezepten, dass man auch aus preiswertem, dabei qualitativ gutem Fleisch und Geflügel tolle Gerichte zubereiten kann. Und keiner wird merken, dass alles echte Sparknüller sind. Wetten?

49	Steakstreifen in Majoransahne	55	Kapern-Geschnetzeltes
49	Putenschnitzel mit Zimt-Apfel-Reis	55	Corned-Beef-Puffer
50	Hackbällchen in Variationen	56	Ingwerhähnchen
52	Kokoshähnchen	56	Geschnetzeltes in Senfsahne
52	Leber mit Pflaumen-Zwiebeln	59	Schweineragout mit Pflaumen
		59	Mettbällchen auf Sauerkraut

Rezepte
FLEISCHGERICHTE

Blitzrezepte

Steakstreifen in Majoransahne

PRO PERSON 1,26 €
FÜR 4 PERSONEN

➤ 400 g kleine Zwiebeln | 1 1/2 EL Öl | 1 EL brauner Zucker | 350 ml Brühe (Instant) | 200 g Schmand | Salz | Pfeffer | 2 TL getr. Majoran | 6 Minutensteaks à 80 g in Streifen geschnitten

1 | Zwiebeln schälen, längs achteln, in 1 EL Öl in 8–10 Min. weich schmoren. Zucker dazugeben, unter Rühren karamellisieren lassen. Mit der Brühe ablöschen, Schmand unterrühren, salzen, pfeffern, Majoran einrühren, 3–4 Min. leise köcheln lassen.

2 | Restliches Öl erhitzen, Fleisch darin bei starker Hitze in 3 Min. braun braten, salzen und pfeffern, mit der Sauce anrichten.

Putenschnitzel mit Zimt-Apfel-Reis

PRO PERSON 0,93 €
FÜR 4 PERSONEN

➤ 250 g Reis | Salz | 4 Putenschnitzel à 120 g | 1 EL Öl | Pfeffer | 1 Glas Apfelkompott (500 g Inhalt) | 2 TL Zimtpulver | 1/2 TL gemahlener Ingwer | 50 g Butter

1 | Reis in Salzwasser in 18 Min. gar kochen. Inzwischen die Schnitzel im Öl von beiden Seiten in 4–5 Min. goldbraun braten. Salzen, pfeffern.

2 | Apfelkompott mit 1 TL Zimt und Ingwer verrühren, unter den Reis mischen und erhitzen. Butter aufschäumen, restlichen Zimt hineinrühren, über den Reis geben und zu den Schnitzeln servieren.

Rezepte
FLEISCHGERICHTE

Grundrezept
Hackbällchen
PRO PERSON 0,62 €
FÜR 4 PERSONEN
- 1 Zwiebel
  2 Knoblauchzehen
  1 EL Öl
  500 g Hackfleisch | 1 Eigelb
  7 EL Semmelbrösel
  1 EL scharfer Senf
  Salz | Pfeffer
  Öl zum Braten

⏲ Zubereitung: 35 Min.
- Pro Portion ca.: 460 kcal

1 | Zwiebel und Knoblauch schälen. Beides fein hacken. Zwiebel in 1 EL Öl 6–7 Min. schmoren, bis sie glasig sind. Knoblauch dazugeben, 1–2 Min. weiterschmoren.

2 | Zwiebel und Knoblauch abkühlen lassen, dann mit dem Hackfleisch und mit den übrigen Zutaten vermischen.

3 | Für Hackbällchen mit einem Teelöffel jeweils etwas Hackfleisch abstechen, zu Kugeln formen und in Öl von allen Seiten kräftig braten. Zum Abtropfen auf Haushaltspapier legen.

- **Kokosbällchen**
  PRO PERSON 0,79 €
  5 Knoblauchzehen
  3 TL Sambal Manis
  5 EL Kokosflocken
- Pro Portion ca.: 500 kcal

Hackmischung wie im Grundrezept zubereiten. Zu den Zwiebeln den gehackten Knoblauch und Sambal dazugeben, 1–2 Min. weiterschmoren, abkühlen lassen. Kokosflocken trocken rösten, abkühlen lassen, unter die Hackfleischmasse mischen. Hackbällchen wie beschrieben braten.

- **Hackbällchen mit Feta**
  PRO PERSON 1,16 €
  2 Bund glatte Petersilie
  4–6 EL Tomatenmark
  200 g Fetakäse
- Pro Portion ca.: 570 kcal

Petersilie waschen und hacken. Hackfleischmasse (Grundrezept) mit Tomatenmark und Petersilie vermengen. Fetakäse in 1 cm große Würfel schneiden. Hackbällchen formen, in jedes Bällchen ein Stück Feta drücken. Hackbällchen wie beschrieben braten.

- **Saté-Hackbällchen**
  PRO PERSON 1,03 €
  200 g Saté Mix pikant
- Pro Portion ca.: 420 kcal

Saté unter das Hackfleisch mischen. Bällchen wie beschrieben braten.

- **Basilikumbällchen**
  PRO PERSON 0,83 €
  1/2 Tube Tomatenmark
  1 EL scharfer Senf
  Semmelbrösel nach Bedarf
  1 Topf Basilikum
- Pro Portion ca.: 430 kcal

Tomatenmark und Senf zum Hackfleisch geben, eventuell mehr Semmelbrösel dazugeben. Basilikum grob hacken und dazumischen. Bällchen wie beschrieben braten.

- **Currybällchen**
  PRO PERSON 1,11 €
  1/2 Glas Mangochutney
  50 g ungeschälter Sesam
  2 EL Madras-Currypulver
- Pro Portion ca.: 650 kcal

Chutney fein hacken. Sesam trocken rösten. Sesam, Chutney und Curry unter den Hackfleischteig mischen. Bällchen braten.

im Bild (beginnend von oben im Uhrzeigersinn: **Kokosbällchen, Saté-Hackbällchen, Hackbällchen mit Feta, Currybällchen, Basilikumbällchen**

Rezepte
FLEISCHGERICHTE

gelingt leicht
Kokoshähnchen

PRO PERSON 1,27 €
FÜR 4 PERSONEN
- 400 g Hähnchenbrustfilet
  1 kleines Glas eingelegter Kürbis (340 g Inhalt)
  250 g Reis
  Salz
  1/2 TL Kurkuma
  1 Dose Kokosmilch (400 ml Inhalt)
  1 Tasse konzentrierte Hühnerbrühe (Instant)
  Pfeffer

🕐 Zubereitung: 35 Min.
- Pro Portion ca.: 400 kcal

1 | Hähnchenfilet in 1/2 cm große Würfel schneiden. Kürbis abgießen, in kleine Würfel schneiden.

2 | Reis mit Salz und Kurkuma zum Kochen bringen, zugedeckt bei schwacher Hitze in 18 Min. garen. Kurz vor Garzeitende den Kürbis darunter mischen.

3 | Inzwischen die Kokosmilch mit der Brühe zum Kochen bringen. Fleisch hineingeben, Topf vom Herd nehmen. Zugedeckt in 12–15 Min. gar ziehen lassen.

4 | Fleisch herausnehmen, warm halten. Sauce einkochen, bis sie sämig ist, dann salzen und pfeffern. Fleisch in der Sauce anrichten und zusammen mit dem Reis servieren.

TIPP Statt Kürbis schmecken 4 klein gewürfelte Pfirsichhälften (Dose) im Reis. Auch Mangochutney passt gut zum Reis.

fruchtig
Leber mit Pflaumen-Zwiebeln

PRO PERSON 0,99 €
FÜR 4 PERSONEN
- 500 g Hähnchenleber
  300 g Zwiebeln | 2 EL Öl
  1/2 Glas Pflaumenmus
  150 ml Brühe (Instant)
  150 ml Orangensaft
  Salz | Pfeffer
  2 TL gemahlener Ingwer
  1/4 TL Cayennepfeffer

🕐 Zubereitung: 45 Min.
- Pro Portion ca.: 340 kcal

1 | Bei den Lebern die Sehnen und Häute entfernen, kurz kalt abspülen. Mit Haushaltspapier trockentupfen.

2 | Zwiebeln schälen, in feine Streifen schneiden, in 1 EL Öl in 8 Min. weich schmoren. Pflaumenmus dazugeben und kräftig durchschmoren. So viel Brühe und Saft dazugeben, dass eine sämige Sauce entsteht. Salzen, pfeffern. Mit Ingwer und Cayennepfeffer pikant abschmecken, beiseite stellen.

3 | In einer anderen Pfanne 1 EL Öl erhitzen, Lebern von jeder Seite 2 Min. braten, salzen, pfeffern. Mit der Zwiebel-Pflaumen-Sauce anrichten. Dazu Püree servieren.

im Bild vorne: **Leber mit Pflaumen-Zwiebeln** *im Bild hinten:* **Kokoshähnchen**

Rezepte
FLEISCHGERICHTE

für Gäste
Kapern-Geschnetzeltes

PRO PERSON 1,39 €
FÜR 4 PERSONEN

- 1 Gläschen Kapern (60 g Inhalt)
  1/2 Bund Schnittlauch
  1/2 unbehandelte Zitrone
  250 g Zwiebeln
  2 EL Butterschmalz
  500 g Schnitzelfleisch
  300 ml Brühe (Instant)
  150 g Schmand
  2 TL körniger Senf
  Pfeffer

⏱ Zubereitung: 40 Min.
➤ Pro Portion ca.: 300 kcal

1 | Kapern abtropfen und nach Belieben hacken. Schnittlauch waschen, in feine Ringe schneiden. Zitrone mit dem Sparschäler dünn abschälen, Schale in sehr feine Streifen schneiden.

2 | Zwiebeln schälen, würfeln, in 1 EL Butterschmalz in 8–10 Min. langsam goldbraun und weich schmoren. Inzwischen das Fleisch in Streifen schneiden.

3 | Zwiebeln aus der Pfanne nehmen, den Rest Butterschmalz erhitzen, das Fleisch darin anbraten, bis es leicht bräunt. Mit der Brühe ablöschen, Zitronenschale dazugeben, zugedeckt 10 Min. schmoren.

4 | Schmand und Kapern in die Sauce rühren. Mit Zitronensaft, Senf, Salz und Pfeffer abschmecken, mit Schnittlauch bestreut servieren. Reis passt gut dazu.

scharf
Corned-Beef-Puffer

PRO PERSON 0,73 €
FÜR 4 PERSONEN

- 400 g Kartoffeln
  1 Bund glatte Petersilie
  1 Dose Corned Beef (340 g Inhalt)
  400 g Zwiebeln
  4 EL Öl | 2 Eier
  Salz
  Paprika
  Pfeffer
  1/4 TL Cayennepfeffer
  3 EL Mehl
  300 g Joghurt

⏱ Zubereitung: 45 Min.
➤ Pro Portion ca.: 380 kcal

1 | Kartoffeln schälen, mittelfein raspeln, mit Haushaltspapier ausdrücken. Petersilie waschen, einige Blättchen beiseite legen, den Rest hacken. Corned Beef würfeln. Zwiebeln schälen, in feine Streifen schneiden, in 1 EL Öl in 8 Min. weich schmoren.

2 | Zwiebeln, Kartoffeln, Corned Beef, Petersilie, Eier und Gewürze mischen. Mehl darüber stäuben, leicht verkneten.

3 | Joghurt mit Salz, Pfeffer und Paprika verrühren, kalt stellen.

4 | Öl erhitzen, Kartoffelmasse mit einem Löffel portionsweise in die Pfanne geben, etwas flach drücken. Puffer von beiden Seiten in je 3–4 Min. knusprig braten. Mit Petersilie dekorieren und mit dem Joghurt anrichten.

 TIPP Würzen Sie die Puffer zur Abwechslung mal mit Currypulver oder Tandoori Masala.

◀ im Bild rechts: **Corned-Beef-Puffer**   im Bild links: **Kapern-Geschnetzeltes**

Rezepte
FLEISCHGERICHTE

für Gäste
Ingwer-hähnchen

PRO PERSON 1,01 €
FÜR 4 PERSONEN

- 400 g Hähnchenbrustfilet
- 30 g Ingwer
- 2 Knoblauchzehen
- 1 Dose Pfirsiche (820 ml Inhalt)
- 1 EL Öl
- 100 g Schmand
- Salz
- Cayennepfeffer
- Minzeblättchen oder Petersilie

⊙ Zubereitung: 30 Min.
- Pro Portion ca.: 340 kcal

1 | Hähnchenfilet waschen, trockentupfen, in Streifen schneiden. Ingwer und Knoblauch schälen, sehr fein hacken. Pfirsiche abtropfen lassen, in Spalten schneiden, den Saft auffangen.

2 | Öl erhitzen, die Hähnchenstreifen von allen Seiten in 4–5 Min. goldbraun braten. Ingwer und Knoblauch dazugeben, unter Rühren 2–3 Min. weiterbraten.

3 | Bratensatz mit Pfirsichsaft ablöschen, Schmand unterrühren, mit Salz und Cayennepfeffer würzen, mit Minze oder Petersilie bestreut servieren. Dazu passt Reis.

herzhaft
Geschnetzeltes in Senfsahne

PRO PERSON 0,87 €
FÜR 4 PERSONEN

- 400 g Putenbrust
- 200 g Zwiebeln
- 200 g Champignons
- 2 EL Öl
- 100 ml Brühe (Instant)
- 200 g Sahne
- 60 ml Sherry medium (nach Belieben)
- 4 EL Senf
- Salz | Pfeffer

⊙ Zubereitung: 40 Min.
- Pro Portion ca.: 410 kcal

1 | Putenbrust waschen, trockentupfen und in Streifen schneiden. Zwiebeln schälen, längs halbieren, in Streifen schneiden. Champignons putzen, je nach Größe halbieren oder vierteln.

2 | 1 EL Öl erhitzen, die Zwiebeln darin in 7–8 Min. glasig schmoren. An den Pfannenrand schieben, restliches Öl in die Pfanne geben und erhitzen. Putenstreifen darin 4–5 Min. braten. Pilze dazugeben, weitere 3–4 Min. unter Rühren braten.

3 | Die Brühe mit Sahne, nach Belieben mit Sherry und Senf verrühren, über das Geschnetzelte geben. Die Sauce salzen und pfeffern. Dazu passen Rösti (TK), Reis, Spätzle oder Nudeln.

- Variante: (siehe Titelbild)
Schnitzel mit Gemüsesalsa

3 Zwiebeln schälen und würfeln, je 2 kleine Zucchini und Möhren putzen und klein würfeln. Die Zwiebeln in 2 EL Öl weich schmoren, mit 2 TL gemahlenem Cumin bestäuben, Möhren dazugeben, 5 Min. braten. Zucchini 3 Min. mitbraten, mit 400 g stückigen Tomaten ablöschen, salzen und pfeffern, 1/2 Tube Tomatenmark dazugeben. Alles 5 Min. köcheln lassen. Inzwischen 4 Schnitzel (Pute oder Schwein, à 120 g) in 1 EL Öl braten. Bandnudeln dazu servieren.

Rezepte
FLEISCHGERICHTE

für Gäste
Schweineragout mit Pflaumen

PRO PERSON 1,41 €
FÜR 6 PERSONEN

- 1/2 l Apfelsaft
  3 TL gemahlener Piment
  500 g weiche Backpflaumen ohne Stein
  700 g Zwiebeln
  1,2 kg Schweinegulasch (4 cm große Würfel)
  50 g Butterschmalz
  Salz | Pfeffer | 300 ml Brühe
  1 kg Kartoffeln
  4 säuerliche Äpfel
  Saucenbinder

⏲ Zubereitung: 2 Std. 10 Min.
▶ Pro Portion ca.: 540 kcal

1 | Apfelsaft mit 2 TL Piment mischen, Backpflaumen darin 1 Std. einweichen. Zwiebeln schälen, längs achteln. Backofen auf 190° vorheizen.

2 | Das Fleisch in Butterschmalz von allen Seiten anbraten, salzen und pfeffern. Zwiebeln dazugeben, mit der Brühe ablöschen. Zugedeckt im Backofen 45 Min. schmoren (Mitte, 170° Umluft).

3 | Inzwischen Kartoffeln und Äpfel schälen, längs achteln. Zusammen mit den Backpflaumen und dem Saft in den Bräter geben. Offen 1 Std. im Ofen braten.

4 | Sauce salzen, pfeffern, nach Belieben mit restlichem Piment abschmecken und mit Saucenbinder binden.

herzhaft
Mettbällchen auf Sauerkraut

PRO PERSON 0,95 €
FÜR 6 PERSONEN

- 400 g Zwiebeln
  800 g Kartoffeln
  3 EL Butterschmalz
  600 g Sauerkraut
  1/4 l Brühe (Instant)
  600 g Mett
  4 Eier
  200 g Schmand
  Paprika
  Salz
  Pfeffer
  1 Bund Petersilie

⏲ Zubereitung: 1 Std. 40 Min.
▶ Pro Portion ca.: 560 kcal

1 | Zwiebeln schälen und grob hacken. Kartoffeln schälen und in Scheiben schneiden.

2 | Butterschmalz in einer großen Pfanne erhitzen. Zwiebeln und Sauerkraut dazugeben und 4–5 Min. anschmoren. Brühe und Kartoffeln dazugeben, in 15 Min. weich schmoren.

3 | Sauerkraut-Mischung ohne Brühe (nach Belieben in einem Sieb abtropfen lassen) in eine ofenfeste Form geben. Aus dem Mett Klößchen formen, auf dem Sauerkraut verteilen. Form verschließen, im Ofen (Mitte, 170° Umluft) 30 Min. schmoren.

4 | Eier und Schmand verquirlen, mit Paprika, Salz und Peffer würzen und über das Sauerkraut gießen. In der offenen Form in 15 Min. stocken lassen. Mit gehackter Petersilie bestreuen.

◀ im Bild vorne: Schweineragout mit Pflaumen   im Bild hinten: Mettbällchen auf Sauerkraut

Zum Gebrauch

Damit Sie Rezepte mit bestimmten Zutaten noch schneller finden können, stehen in diesem Register zusätzlich auch beliebte Zutaten wie Möhren oder Zwiebeln – ebenfalls geordnet und **halbfett** gedruckt – über den entsprechenden Rezepten.

A

Ananas
- Kraut-Ananas-Salat 40
- Ananas-Chili-Suppe 39

Äpfel
- Apfel-Kichererbsen-Curry 47
- Schneller Kartoffelsalat 12
- Schweineragout mit Pflaumen 59
- Putenschnitzel mit Zimt-Apfel-Reis 49
- Arme Honig-Ritter 8
- Asia-Nudeln, Scharfe 30
- Austernsauce (Theorie) 7

B

- Basilikumbällchen 50

Bohnen
- Kartoffel-Bohnen-Curry 20
- Rotgrüner Bohnensalat 40
- Bouillonkartoffeln 12
- Brokkoli (Theorie) 4
- Brokkoli mit Satésauce 35
- Buttergemüse-Omelett 35

C / D

- Chilisauce (Theorie) 7
- Corned-Beef-Puffer 55
- Couscous (Theorie) 4

Couscous
- Mandel-Möhren-Couscous 30
- Orangen-Couscous 25
- Curry-Möhren-Suppe 36
- Currypüree 9
- Dal aus roten Linsen 47

E / F / G

Erbsen
- Grüne Sommersuppe 39
- Kartoffeln-Risi-Bisi 12
- Nudeln mit Erbsenpesto 25

Fetakäse
- Hackbällchen mit Feta 50
- Kartoffel-Käse-Suppe 15
- Garam Masala (Theorie) 7
- Gekörnte Brühe (Theorie) 6
- Gemüsenudeln 29
- Geschnetzeltes in Senfsahne 56
- Gnocchi: Spinat-Gnocchi 11
- Grießbrei-Cassata 8
- Grüne Sommersuppe 39

Gurken
- Grüne Sommersuppe 39
- Kartoffel-Gurken-Suppe 15

H / I

- Hackbällchen 50
- Hackbällchen mit Feta 50

Hähnchen
- Ingwerhähnchen 56
- Kokoshähnchen 52
- Zitronenreis mit Hähnchen 33
- Harzerkäse: Kartoffel-Harzerkäse-Salat 16

Haselnüsse
- Haselnuss-Koriander-Puffer 23
- Spaghetti mit Nuss-Sauce 29
- Hülsenfrüchte (Theorie) 4
- Ingwerhähnchen 56
- Ingwermöhren mit Nudeln 43

K

- Kapern-Geschnetzeltes 55

Kartoffeln
- Apfelpüree 9
- Bouillonkartoffeln 12
- Corned-Beef-Puffer 55
- Currypüree 9
- Haselnuss-Koriander-Puffer 23
- Kartoffel-Bohnen-Curry 20
- Kartoffel-Gurken-Suppe 15
- Kartoffel-Harzerkäse-Salat 16
- Kartoffel-Käsekuchen 23
- Kartoffel-Käse-Suppe 15
- Kartoffeln (Theorie) 4
- Kartoffeln-Risi-Bisi 12
- Kartoffelpüree 9
- Kartoffelsalat »edel« 16
- Kartoffelsuppe 11
- Käsekartoffeln 12
- Käsepüree 9
- Kokoskartoffeln 19
- Kräuterpüree 9
- Mozarella-Kartoffeln 12
- Rote-Beete-Orangen-Suppe 36
- Schneller Kartoffelsalat 12
- Schweineragout mit Pflaumen 59
- Tandoori-Bratkartoffeln 19

Käse
- Kartoffel-Käsekuchen 23
- Kartoffel-Käse-Suppe 15
- Käsekartoffeln 12
- Käsepüree 9
- Kürbisfrittata 43

Kichererbsen
- Apfel-Kichererbsen-Curry 47
- Zitronenkartoffeln 20
- Knusper-Milchreis 8

Kokos

Extra
REGISTER

Kokosbällchen 50
Kokoshähnchen 52
Kokoskartoffeln 19
Koriander: Haselnuss-Koriander-Puffer 23
Kraut-Ananas-Salat 40
Kräuterpüree 9
Kräutersalz (Theorie) 6
Kräuterwürfel (Theorie) 6
Kürbis
   Kokoshähnchen 52
   Kürbisfrittata 43
   Kürbis-Ratatouille 44

L/M

Leber mit Pflaumen-Zwiebeln 52
Linsen
   Ananas-Chili-Suppe 39
   Dal aus roten Linsen 47
   Nudeln mit Linsencreme 26
Mandeln
   Mandel-Möhren-Couscous 30
   Pilz-Bolognese 26
Mettbällchen auf Sauerkraut 59
Milchreis: Knusper-Milchreis 8
Möhren
   Ananas-Chili-Suppe 39
   Curry-Möhren-Suppe 36
   Gemüsenudeln 29
   Ingwermöhren mit Nudeln 43
   Kürbis-Ratatouille 44
   Mandel-Möhren-Couscous 30
   Möhren (Theorie) 4
   Scharfe Asia-Nudeln 30
Mozarella-Kartoffeln 12

N/O

Nudeln
   Ingwermöhren mit Nudeln 43
   Nudeln (Theorie) 4
   Nudeln mit Erbsenpesto 25
   Nudeln mit Linsencreme 26
Omelett: Buttergemüse-Omelett 35
Orangen
   Orangen-Couscous 25
   Rote-Beete-Orangen-Suppe 36

P/R

Pesto (Theorie) 7
Pfannkuchen-Pizza 8
Pfeffer (Theorie) 6
Pflaumen: Schweineragout mit Pflaumen 59
Pilz-Bolognese 26
Putenfleisch
   Geschnetzeltes in Senfsahne 56
   Kartoffeln-Risi-Bisi 12
   Putenschnitzel mit Zimt-Apfel-Reis 49
Ratatouille 44
Reis
   Reis (Theorie) 4
   Putenschnitzel mit Zimt-Apfel-Reis 49
   Tomaten-Sahne-Reis 33
   Zitronenreis mit Hähnchen 33
Rindfleisch: Steakstreifen in Majoransahne 49
Rote-Beete-Orangen-Suppe 36
Rotgrüner Bohnensalat 40

S/T

Sambal Manis
   Kokosbällchen 50
   Sambal Manis (Theorie) 7
   Scharfe Asia-Nudeln 30
   Sambal Oelek (Theorie) 7
Saté Mix (Theorie) 7
Saté-Hackbällchen 50
Satésauce: Brokkoli mit Satésauce 35
Sauerkraut: Mettbällchen auf Sauerkraut 59
Scharfe Asia-Nudeln 30
Schneller Kartoffelsalat 12
Schweinefleisch
   Kapern-Geschnetzeltes 55
   Schweineragout mit Pflaumen 59
Sommersuppe, Grüne 39
Spaghetti mit Nuss-Sauce 29
Spinat-Gnocchi 11
Steakstreifen in Majoransahne 49
Tandoori Masala
   Tandoori Masala (Theorie) 7
   Tandoori-Bratkartoffeln 19
Tomaten
   Hack-Tomaten-Basilikum-Bällchen 50
   Tomatenpüree 9
   Tomaten-Sahne-Reis 33
Tom-Ka-Paste
   Kartoffelsalat »edel« 16
   Kokoskartoffeln 19
   Tom-Ka-Paste (Theorie) 7
   Zitronenreis mit Hähnchen 33

W/Z

Weißkohl
   Kraut-Ananas-Salat 40
   Weißkohl (Theorie) 4
Zitronenreis mit Hähnchen 33
Zwiebeln
   Leber mit Pflaumen-Zwiebeln 52
   Zwiebeln (Theorie) 4

Extra
IMPRESSUM

Die Autorin
Bettina Matthaei ist als Drehbuchautorin, Grafikerin und Dozentin an Film- und Designschulen vielfach kreativ tätig. Kochen ist für sie ein ähnlich kreativer Vorgang – sie selber kocht selten nach Rezept, sondern lässt sich lieber von ausgefallenen Gewürzen zu eigenen Kreationen inspirieren. Das Erfinden neuer Gerichte und eigener Gewürzmischungen ist für sie neben der Entwicklung von Medienkonzepten für Kinder zur zweiten Leidenschaft geworden.

Der Fotograf
Jörn Rynio arbeitet als Fotograf in Hamburg. Zu seinen Auftraggebern gehören nationale und internationale Zeitschriften, Buchverlage und Werbeagenturen. Aus seinem Studio stammen alle Rezeptfotos in diesem Band. Tatkräftig unterstützt wurde er dabei von den Foodstylisten Petra Speckmann und Hermann Rottmann.

Bildnachweis
Jörn Rynio, Hamburg

©2003 Gräfe und Unzer Verlag GmbH, München

Alle Rechte vorbehalten. Nachdruck, auch auszugsweise, sowie Verbreitung durch Film, Funk, Fernsehen und Internet durch fotomechanische Wiedergabe, Tonträger und Datenverarbeitungssysteme jeglicher Art nur mit schriftlicher Genehmigung des Verlages.

Redaktionsleitung:
Birgit Rademacker
Redaktion:
Stefanie Poziombka
Lektorat:
Bettina Bartz
Korrektorat:
Mischa Gallé
Layout, Typografie und Umschlaggestaltung:
Independent Medien Design, München
Satz: Verlagssatz Lingner
Herstellung:
Helmut Giersberg
Reproduktion:
Repro Schmidt, Dornbirn
Druck und Bindung:
Druckhaus Kaufmann, Lahr

ISBN 3-7742-5721-3

Auflage	6.	5.	4.	3.	2.
Jahr	2007	06	05	04	03

Ein Unternehmen der
GANSKE VERLAGSGRUPPE

Das Original mit Garantie

Ihre Meinung ist uns wichtig. Deshalb möchten wir Ihre Kritik, gerne aber auch Ihr Lob erfahren. Um als führender Ratgeberverlag für Sie noch besser zu werden. Darum: Schreiben Sie uns! Wir freuen uns auf Ihre Post und wünschen Ihnen viel Spaß mit Ihrem GU-Ratgeber.

Unsere Garantie: Sollte ein GU-Ratgeber einmal einen Fehler enthalten, schicken Sie uns das Buch mit einem kleinen Hinweis und der Quittung innerhalb von sechs Monaten nach dem Kauf zurück. Wir tauschen Ihnen den GU-Ratgeber gegen einen anderen zum gleichen oder ähnlichen Thema um.

Ihr Gräfe und Unzer Verlag
Redaktion Kochen
Postfach 86 03 25
81630 München
Fax: 089/41981-113
e-mail: leserservice@graefe-und-unzer.de

GU KÜCHENRATGEBER
Neue Rezepte für den großen Kochspaß

ISBN 3-7742-4888-5

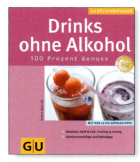

ISBN 3-7742-4908-3

ISBN 3-7742-4898-2

ISBN 3-7742-4883-4

ISBN 3-7742-5762-0

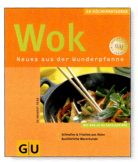

ISBN 3-7742-4889-3

64 Seiten, 6,90 € [D]

Das macht die GU Küchenratgeber zu etwas Besonderem:
- ➤ Rezepte mit maximal 10 Hauptzutaten
- ➤ Blitzrezepte in jedem Kapitel
- ➤ alle Rezepte getestet
- ➤ Geling-Garantie durch die 10 GU-Erfolgstipps

Gutgemacht. Gutgelaunt.

Änderungen und Irrtum vorbehalten.

1. EINKAUFSZETTEL SCHREIBEN

> Vor dem Einkaufen genau checken, was Sie wirklich brauchen, damit nichts Überflüssiges im Einkaufswagen landet. Und: Vergessliche vermeiden damit eine zweite Einkaufsrunde, die zumindest Zeit kostet.

Geling-Garantie für preiswertes Kochen

4. KÜHLSCHRANK-CHECK

> Alle zwei Tage prüfen: Was muss unbedingt verbraucht werden? Welche Reste sind geblieben?
> Die meisten Reste lassen sich mit etwas Sauce, frischem Gemüse oder Salat und einer Portion Kreativität ganz fabelhaft verlängern.

7. TROCKENE BASICS RICHTIG LAGERN

> Lebensmittel wie Nudeln, Linsen, Reis, Nüsse, Sesam etc.: nach Anbruch der Packungen oder Tüten in fest verschließbare Gläser oder Dosen umfüllen, Haltbarkeitsdatum notieren und möglichst kühl und dunkel lagern.

8. ACHTUNG: VERFALLSDATUM

> Angebrochene Saft- und Milchpackungen, ebenso wie alle anderen begrenzt haltbaren Lebensmittel mit Hilfe eines Klebezettels mit dem Öffnungsdatum versehen. Kontrollieren und verbrauchen, damit nichts weggeworfen werden muss.